AF198573

So lebt
Prag

*Der perfekte Reiseführer für einen unvergessli-
chen Aufenthalt in Prag inkl. Insider-Tipps, Tipps
zum Geldsparen und Packliste*

Kiara Schwabstädt

✈ INHALT

Prag ist nicht nur eine Reise wert

Wenn in den frühen Morgenstunden die Straßenlaternen erloschen sind und die Arbeiter auf den Straßen die letzten Spuren der vielen Touristen vom Vortag beseitigt haben, erwacht die Stadt Prag aufs Neue.

Mit ihren 1,3 Millionen Einwohnern glaubt man kaum, dass noch Platz für Millionen von Besuchern sei, dennoch kann man es kaum glauben. Die Menschenströme verteilen sich auf zahlreichen Grünflächen, Parkanlagen, Museen, Galerien und Geschäften. Finden Sie eine Nische und suchen Sie sich eine ganz besondere Ruheoase. Entlang vieler historischer Gebäude, bei denen man das Gefühl bekommt, die Zeit sei stehen geblieben, durch die Passagen der Stadt, die wie ein Geflecht die kleinen und großen Geheimnisse der Stadt verbinden, führen die Wege an vielen barocken und gotischen Bauwerken vorbei. Sie glauben manchmal, die Zeit sei stehen geblieben, wenn Sie durch die Straßen laufen.

Dennoch finden Sie als Kontrast zu den bunt bemalten und mit Stuck verzierten Balustraden das moderne Prag. Auf dem Wenzelsplatz finden Sie alle Baustile vereint. Die imposante Kulisse fasziniert die Besucher immer wieder auf eine andere Art. Musiker und Straßenkünstler fügen sich in diese Szenerie ein, und wer in die alte Zeit eintauchen möchte, der lässt sich mit einer Pferdekutsche durch die abwechslungsreiche Kulisse fahren.

Die Sehenswürdigkeiten, die in den Stadtplänen auf den Plätzen angeschlagen sind, können nicht alle an einem Tag erkundet werden. Fragen Sie ruhig einmal die Einheimischen. Viele von ihnen sprechen Deutsch oder Englisch. Mit „Hand und Fuß" und einem Lächeln kommt man in dieser Stadt auch weiter. Die Gastfreundschaft ist spürbar. Ob als Single oder mit Familie, die Gäste werden herzlich aufgenommen. Keine Frage bleibt unbeantwortet. Die

Schönheit der Stadt an der Moldau lässt den Alltag vergessen. Langeweile kommt bestimmt nicht auf bei den vielen kulturellen und kulinarischen Ange- boten. Ein Wochenendtrip reicht nicht aus, um Prag auf einmal zu entdecken.

Gerade das macht den Reiz dieser Stadt aus. Sie macht neugierig auf mehr, und es fällt einem fast schwer zu sagen, dass man nur wenige Tage dort verbracht hat. Man wird aufgefordert, wieder zu kommen und man kommt wieder …

Die Stadt entdecken

ANREISE

Es gibt viele Möglichkeiten, die Stadt zu erreichen. Ob mit dem Flugzeug, mit dem Bus, dem Auto oder mit der Bahn. Gute Angebote gibt es bei allen Anbietern, wie zum Beispiel das Angebot der Bahn „Mit dem Super Sparpreis Europa nach Tschechien".

Für Autofahrer empfiehlt sich, das Auto nach der Anreise stehen zu lassen und mit dem öffentlichen Nahverkehr der Stadt auf Entdeckungsreise zu gehen. Die Unterkünfte versorgen ihre Gäste gerne mit den erforderlichen Fahrtickets, sodass der Gast sich nicht lange bemühen muss.

WÄHRUNG

Die offizielle Währung ist die Tschechsche Krone. Sie können jedoch auch mit Euro in zahlreichen Hotels, Restaurants und Geschäften bezahlen. Allerdings sollte man beachten, dass der Umrechnungskurs schlechter sein kann als der Umtausch in den örtlichen Banken und Wechselstuben.

Deshalb ist es ratsam, sich den aktuellen Tageskurs anzuschauen. Bei allen guten Seiten gibt es natürlich auch schlechte Seiten. Seien Sie vorsichtig dabei, das Geld unmittelbar auf der Straße zu wechseln. Sie bekommen keine Quittung und stellen hinterher fest, dass der Tausch für Sie sehr teuer geworden ist.

AUF WAS SIE UNBEDINGT ACHTEN SOLLTEN

Wichtig ist an dieser Stelle zu erwähnen, dass bei dem großen Ansturm auf die Stadt auch „Langfinger" unterwegs sind. Jeder sollte deshalb vorsichtig sein und die Wertsachen nur direkt am Körper tragen. Rucksäcke und Taschen sind schnell geöffnet und es genügt ein kurzes Anrempeln in der Straßenbahn, um den Urlaub unangenehm enden zu lassen.

Gutes, bequemes Schuhwerk ist weitaus besser als tolle Absätze. Da gerade die Altstadt, aber auch noch andere Stadtteile mit altem Kopfsteinpflaster ausgestattet sind, tut es weder den Füßen noch den Schuhen gut, die Wege mit elegantem Schuhwerk zu beschreiten. Wer dennoch falsch ausgestattet ist, findet gute Angebote in den Schuhgeschäften vor Ort. Wenn Sie vor der Entscheidung stehen, ob Sie die Stadt zu Fuß oder mit einem Fahrzeug besichtigen wollen, dann muss man sagen, besser ist ein Rundgang zu Fuß durch die Stadt.

Die Sehenswürdigkeiten liegen so eng beieinander, dass es sich nicht lohnt, zwischen zwei Objekten ein Fahrzeug zu besteigen. Machen Sie lieber öfters eine Pause in den Biergärten oder Cafés der Stadt. Außerdem besteht die Möglichkeit, nach der Besichtigung der Altstadt mit der Straßenbahn zur Burg hochzufahren. Ein gutes ÖPNV-System ermöglicht es, auch einen Abstecher in die Vororte zu machen. Dort finden sich schöne Attraktionen. Merken Sie sich die Linie 22. Sie fährt quer durch die Stadt und bringt Sie überall dorthin, wo die meisten Touristen hinströmen.

Eigentlich können Sie sich daher nicht groß verlaufen, auch wenn Sie bestimmt manchmal das Gefühl bekommen, es sei soeben passiert. Sollten Sie dennoch lieber ein Taxi nehmen, achten Sie besonders darauf, nicht unbedingt die wartenden Fahrzeuge an den Sehenswürdigkeiten zu nutzen. Diese sind stark überteuert. Deshalb lassen Sie sich besser von einem Restaurant oder einem Hotel aus ein Taxi rufen.

ÜBER WAS SIE SICH NICHT WUNDERN SOLLTEN

Die öffentlichen Verkehrsmittel sind teilweise in die Jahre gekommen. Sie erinnern noch an alte Filme. Die „Tram" ächzt und krächzt ganz schön, aber man kommt gut dort an, wo man hin möchte. Es sind eher praktische Fahrten als komfortable. Dennoch ist jede Fahrt ein Erlebnis der besonderen Art.

So manche öffentliche Toilette ist originell organisiert. Es kann sein, dass Sie den Toilettenfrauen zunächst das Geld für die Nutzung der Toilette zahlen und danach erst Ihr rationiertes Toilettenpapier erhalten. Die freundlichen Frauen rollen das Papier großzügig von einer großen Rolle ab. Ein Schmunzeln kann man kaum verbergen.

Geschichte der Stadt

In Prag erleben Sie die Geschichte auf eine ganz besondere Art. Ein Rundgang durch die Stadt macht jeder, dennoch gibt es zu viele Sehenswürdigkeiten in dieser Weltstadt. Wenn Sie sich gezielt ein paar Punkte notieren, die Sie interessant finden, haben Sie mehr von Ihrer Reise.

Daher laden wir Sie ein auf einen Rundgang durch die Stadt. Wo Sie Station machen, ist dann Ihnen überlassen. Eigentlich sollte man alles einmal gesehen haben, aber auch das bleibt Ihre Entscheidung. Ganz ohne Geschichte geht es leider nicht, sonst wäre Ihre Reise ja auch langweilig. Deshalb sollten Sie sich auch in dieser Hinsicht etwas schlau machen.

Mit der Grundsteinlegung der Prager Burg, im Jahr 870, wurde die Stadt Prag begründet. Prag, auch die Schwellenstadt (tschechisch Praha = Schwelle) genannt, blickt auf eine langjährige böhmische Herrschaft zurück. Mitte des 14. Jahrhunderts erklärte Karl IV., als König und Kaiser des Heiligen Römischen Reiches, die Stadt zu seinem Kaisersitz und zur Reichshauptstadt. Nach der Habsburger Dynastie wurde unter dem böhmischen Regenten, Kaiser Rudolf II., Prag zum Zentrum von Politik, Gesellschaft und Kultur. Viele Deutsche und Angehörige anderer Nationalitäten strömten nach Prag.

Jüdisches Leben breitete sich besonders in der Altstadt aus. Im Dreißigjährigen Krieg wurden die Protestanten durch die Katholiken gewaltsam vertrieben und die Stadt im sogenannten Prager Kunstraub ihres kulturellen Erbes beraubt. Nach dem Aufschwung, in Zeiten der Industrialisierung, brachen schwere Jahre für die Bevölkerung an.

Die Not dieser Zeit hat ihre Spuren hinterlassen, die Sie auf dem Weg in so manchen Museen nochmals erfahren können. Umfangreiche Dokumentationen warten auf die Geschichtsinteressierten unter Ihnen. Mit der Selbständigkeit der Tschechoslowakischen Republik, zum Ende des Ersten Weltkriegs, wurde Prag zur Hauptstadt ernannt. In den Folgejahren vergrößerte sich die Stadt zunehmend. Trotz der Besetzung durch deutsche Truppen wurde Prag im Zweiten Weltkrieg kaum zerstört. Dennoch folgten lange Jahre kommunistischer Unterdrückung, was auch große Entbehrungen für die Bevölkerung bedeutete.

Die bis 1989 vom Sozialismus geprägte Stadt ist noch zu erkennen. Die Stadt gehört heute zum Weltkulturerbe und zu den größten Städten Europas. Prag ist vom internationalen Tourismus stark geprägt. Berühmte Persönlichkeiten, wie die Schriftsteller Franz Kafka, Rainer Maria Rilke, Jaroslav Hašek (der durch seinen satirischen Roman „Der brave Soldat Schwejk" bekannt wurde), wurden hier geboren. Prag besteht aus zehn Stadtbezirken. Leider ist es oft nicht einfach, auf den Stadtplänen die Übersicht zu behalten. Spricht man zum Beispiel von Prag 1 oder Prag 2, kann es sein, dass beides richtig ist, das heißt, dass beide Bezirke übereinanderlappen.

Wir empfehlen daher, Ihren Rundgang nach der alten historischen Verwaltungsgliederung zu machen. Es wäre fatal, wenn Sie sich alle Ortsteile anschauen wollen. Allerdings warten in Prag in jedem

Viertel Überraschungen, egal wo man hingeht. Daher ist es wichtig, dass man sich eine Auswahl zusammenstellt. Auch an den Randgebieten gibt es schöne Sehenswürdigkeiten. Wenn Sie allerdings Passanten fragen, wo Sie am besten zuerst hingehen sollen, um mit Ihrer Besichtigungstour zu beginnen, heißt es: „In die ...

ALTSTADT

Deutsche und jüdische Kaufleute, aber auch einheimische Handwerker errichteten die Altstadt zwischen dem 10. und 11. Jahrhundert. Unter dem Schutz der beiden Burgen **Vyšehrad** und der **Prager Burg**, die von der Moldau getrennt sind, entwickelte sich der Altstädter Ring. Kommen Sie mit auf einem Spaziergang durch den Mittelpunkt der Stadtentstehung.

Am imposantesten ist das **Altstädter Rathaus**, das das Zentrum des Marktplatzes bildet. Von seinem 41 Meter hohen **Rathausturm** können Sie die prachtvolle Schönheit der Altstadt überblicken. Führungen werden zudem regelmäßig angeboten. Besonders schön ist der Ausblick in den Abendstunden, wenn die Dämmerung hereinbricht. Gerade mit der abendlichen Straßenbeleuchtung gerät so mancher in eine melancholische Stimmung. Wenn zwischen 9.00 und 21.00 Uhr zu jeder vollen Stunde die Turmuhr läutet, drängen sich die Menschen auf den Platz. Sie bestaunen die Figuren, darunter die zwölf Apostel, die auf einer Uhrenscheibe am Publikum vorbeiziehen. Ein Gefühl von Zusammengehörigkeit entsteht bei dem Schauspiel, der Astronomischen Uhr am Anbau des Rathausturmes.

Die im gotischen Stil erbaute **Teynkirche**, mit ihrer reichen Ausstattung, ist eindrucksvoll. Das spätbarocke **Palais Goltz-Kinsky** fasziniert mit seiner Fassade, die schon ein Anzeichen des Rokokos verbirgt. Eine Abteilung der Nationalgalerie ist dort ansässig. Ein Teil des Gebäudes diente früher als Staatsgymnasium mit deutscher Unterrichtssprache. Hier ging übrigens nicht nur Franz Kafka einige Zeit zur Schule.

Läuft man von der **Pařížská-Straße** in die **Josefsstadt**, geht es an der **St. Niklas-Kirche**, der heutigen katholischen Kirche der Kleinseite, vorbei. Das monumentale barocke Gebäude ist für Musikliebhaber sehr interessant. Vielleicht findet während Ihres Besuchs eines der bekannten Konzerte statt. Auf der Orgel spielte übrigens Wolfgang Amadeus Mozart während seines Aufenthalts in Prag 1787. Weiter geht es jetzt zum **Kafka-Platz,** wo einst das

Geburtshaus des Dichters Franz Kafka stand. Die gotischen Portale und die barocken Fassaden der Gebäude am Kleinen Ring gehören zu den schönsten Plätzen der Altstadt. Auch wenn heute ein **Hard-Rock-Café** im **Rott'schen Haus** untergebracht ist, darf nicht vergessen werden, dass in diesem Haus die erste Bibel in tschechischer Sprache gedruckt wurde.

Nicht nur das älteste Haus Prags **(Haus zur goldenen Lilie)**, die einst erste Apotheke der Stadt (im **Richterhaus**), sondern auch das Haus zur **Goldenen Krone** bleiben beim Vorbeigehen in Erinnerung. Von der Altstadtgasse, der **Karlova**, führt der Weg weiter auf die weit über die Stadtgrenze hinaus berühmte **Karlsbrücke**, die sich über 516 Meter erstreckt. Straßenkünstler und Touristen drängen sich auf ihr Tag für Tag.

Auf dieser Brücke liefen die Könige auf dem Weg zu ihrer Krönung bis hoch in die Burg. Den gleichen Weg, über diese Brücke, wählten im Jahr 1989 die vielen DDR-Flüchtlinge, um zur **Deutschen Botschaft** zu gelangen. Heute drängen sich Touristen täglich über diese Brücke. Meter für Meter reihen sich Händler und Künstler aneinander und verkaufen den Touristen Souvenirs. Die Schönheit der Brücke kommt erst in den frühen Morgenstunden so richtig zur Geltung. Hier heißt es besser, dann zu kommen, wenn die anderen noch in ihren Betten liegen oder am Abend. Erst so kann man das Gesamtbild richtig auf sich wirken lassen. Weiter geht es zur St. Salvator-Kirche. Sie ist Bestandteil des ehemaligen Jesuitenkollegs **Klementinum**. Nachdem der Jesuitenorden aufgelöst wurde, gehört sie heute zur **Karls-Universität**.

Sie sollten sie allerdings nicht verwechseln mit der Evangelischen St. Salvatorkirche, die Sie nördlich vom Altstädter Ring finden. Das **Klementinum** glänzt mit seiner barocken Bibliothek. Im Inneren finden Sie neben der **Tschechischen Nationalbibliothek** verschiedene Institute. So weit das Auge reicht, finden Sie Fresken und großzügige Verzierungen. Der über 68 Meter hohe Astronomische Turm lädt zu einem Panoramablick über die Stadt ein. Mit dem **Meridiansaal** und dem **Spiegelsaal** ist man bei weitem noch nicht am Höhepunkt einer Führung angelangt. Entscheiden

Sie sich für eine der Touren, die alle 30 Minuten angeboten werden. Oder überlassen Sie es einfach Ihrer Spontanität. Es lohnt sich, da die Führung auch den Bibliothekssaal, übrigens einer der schönsten der Welt, beinhaltet. Weiter geht es zur Kirche St. Franziskus oder auch Kreuzherrenkirche genannt.

Die im ursprünglich gotischen Baustil erbaute Kirche ist einer Barockkirche gewichen. Im Inneren wurde Marmor aus Prag-Slivenec verarbeitet. Es fällt Ihnen bestimmt schwer, sich von dem Blick in die Kuppel, mit ihren herrlichen Gemälden und Stuckarbeiten, zu lösen. Sie können ja beim nächsten Besuch mehr Zeit mitbringen.

Los geht es zur nächsten Station. Nach einer Weile kommen Sie an die **Manes Brücke**, eine der modernen Brücken Prags. Am nördlichen Ufer der Moldau finden Sie jetzt das **Rudolfinum,** das im Stil der Neorenaissance errichtete Konzert- und Galeriegebäude. In Anlehnung an die Dresdner Semperoper ist es heute der Sitz der **Tschechischen Philharmonie**. Kommen Sie jetzt mit in das **Agnes-Kloster**. Agnes von Böhmen, die Gründerin des Klosters, wurde 1874 seliggesprochen und im Jahr 1989 von Papst Johannes Paul II in das Heiligenverzeichnis der römisch-katholischen Kirche aufgenommen.

Die frühgotischen Elemente sind bis heute erhalten. Der angrenzende Klostergarten lädt dazu ein, Ihren Gedanken freien Lauf zu lassen. Sie sollten sich wirklich Zeit für dieses Areal nehmen. Alleine die Ausstellung mittelalterlicher Kunst lohnt sich. Nun geht es weiter über die **Štefánik-Brücke**. Wenn Sie diese Brücke hinter sich gelassen haben, führt der

Weg weiter zum **Platz der Republik**. Dort sehen Sie das **Obecni Dum,** das Prager Gemeinde- und Repräsentationshaus. Laufen Sie ruhig einmal hinein, viele Bereiche sind für die Öffentlichkeit zugänglich. Vergessen Sie als Nächstes bitte nicht, sich den **Pulverturm** mit seinem Skulpturenschmuck anzusehen. Er erhielt diesen Namen, da man in seinem Innern bis ins 17. Jahrhundert Schwarzpulver gelagert hatte. Wenn Sie jetzt die **St. Jakob-Kirche** im **Minoritenkloster** betrachten, erwartet Sie dort ein beeindruckendes Areal.

Kirche und Kloster gehören zueinander. Sie wollen bestimmt jetzt wissen, woher die Bezeichnung „Minoriten" kommt. Der Name leitet sich vom lateinischen „minus" ab – die fratres minores sind „die kleineren Brüder". Noch heute kann man die Spuren des Großbrandes an einigen Säulen und einer Wand in der Basilika sehen. Verlassen Sie nun die Barockkirche und laufen Sie weiter.

Früh- und Spätrenaissance begegnen Ihnen an den weiteren Gebäuden, bis Sie schließlich am Haus zur **Schwarzen Mutter Gottes** ankommen, dem heutigen **Museum des tschechischen Kubismus**. Der kubistische Bau ist nach der Schwarzen Madonna benannt. Da fällt ein: Kubismus? Wissen Sie was das heißt? Das bedeutet eine Stilrichtung der

Kunst und deren Begründer sind Pablo Picasso und Georges Baraque. Ja, Kunst ist ein großes Thema in dieser Stadt. Künstler können hier nicht nur Tage, sondern Monate bleiben und finden ständig neue Inspirationen. Waren es bisher schon sehr viele Kirchen, die Sie bestimmt nicht alle von Innen besichtigen werden, so sind durchaus die nächsten Stationen erwähnenswert.

Angefangen mit der **St. Ägidius-Kirche**, deren Äußeres im gotischen und das Innere im Barockstil gestaltet ist. Oder wäre die **St. Bartholomäus-Kirche** interessanter für Sie? Die Kirche befindet sich in der gleichnamigen Straße. Nach einer umfangreichen Restauration wurde auch eine neue Orgel eingebaut. Auch hier kommt die Kunst des Barocks nicht zu kurz. Natürlich war es das noch nicht mit allen Kirchen.

Da wäre dann noch die **St. Gallus-Kirche**. Wussten Sie, dass die Bevölkerung vom Bodenseeraum früher den heiligen Gallus verehrte und sie sich dann im Hochmittelalter in Böhmen ansiedelte? Ihm zu Ehren wurde diese Kirche gebaut. Kirche und Stadtbezirk **St. Gallus** gehören heute zum UNESCO-Weltkulturerbe. Jetzt haben wir fast die Altstadt hinter uns gelassen, deshalb kehren Sie jetzt erst einmal in einen der Biergärten oder in ein schönes

Straßencafé ein, um neue Energie zu tanken. Los geht es in …

DIE NEUSTADT

Hier kommen Sie auf dem bekannten **Karlsplatz** an, der in früheren Zeiten der wohl größte Marktplatz Europas war. Vieh-, Fisch, Holz- und Kohlehandel wurde an diesem Ort betrieben. Hier treffen die meisten Straßenbahnlinien aufeinander. Wenn Sie sich also nicht sicher sind, wo Sie sich befinden, fragen Sie einfach nach diesem Platz. Von dort aus können Sie sich wieder neu orientieren.

Kommen Sie jetzt mit zum **Neustädter Rathaus**. Hier fand im Jahr 1419 der erste Prager Fenstersturz statt. Dabei sollten dort gefangene Glaubensgenossen befreit werden. Die Befreier warfen den Bürgermeister, einige Ratsherren und andere Personen aus dem Fenster. Auch wenn Sie das heute auch so manchmal gerne machen würden, lassen Sie besser die Finger davon. Wenden wir uns jetzt aber dem Neuen Prag **(Nové Město)** wieder zu.

Eine schier endlose Meile von Geschäften internationaler Modelabels, ein riesiges Luxusviertel, findet sich in der Neustadt. Auch Theater, Opernhäuser, Casinos, Clubs und Hotels haben sich hier niedergelassen. Hier werden die Preise zwar deutlich höher, dennoch sollten Sie sich auf eine Bank setzen und die Menschen auf der Straße beobachten. So manche „Lady" stolziert hier an Ihnen vorbei und man bekommt das Gefühl, ein Teil von etwas ganz Besonderem zu sein. Vielleicht hören Sie, wie die Passanten von der „Kleinseite" reden. Die Frage ist jetzt, ob Sie Lust haben, dorthin einen Abstecher zu machen? Na gut, auf geht es in ...

DIE PRAGER KLEINSEITE

Als nächstes Ziel erreichen Sie nun einen weiteren Stadtteil Prags. Wie sollte es auch anders sein, kommen Sie sogleich zur Barockkirche **St. Nikolaus**. Es ist nicht übertrieben, wenn man behauptet, diese Kirche ist eine der schönsten Kirchen von Prag. **Auf einer** Gesamtfläche von 3.000 m² sehen Sie herrliche Wand- und Deckengemälde. Auf der Orgel dieser Kirche spielte bereits Wolfgang Amadeus Mozart.

Dieses Bauwerk ist ein Prachtstück seinesgleichen. Verdauen Sie diese Eindrücke erst einmal und laufen Sie durch die **Nerudova-Gasse (Neruda-Gasse)**. Diese Gasse war früher der Hauptweg zur Prager Burg, auf dem die Krönungsprozessionen zum Veitsdom stattfanden. Auffällig sind die

Hauszeichen, die Sie an fast jedem Haus finden. Früher hatte man keine Zahlen an den Häusern im Vergleich zu heute. Sehen Sie sich die Bilder über den Hauseingängen einmal genauer an. Das war bestimmt wieder viel geschichtsträchtige Kost für Sie, auf Ihrem ersten Rundgang durch die Stadt.

Deshalb gönnen Sie sich noch ein Eis in einem der netten Cafés oder stöbern Sie einfach einmal in den kleinen verwinkelten Läden entlang dieser Gasse, bevor es weitergeht zur Deutschen **Botschaft**. Sie befindet sich im **Palais Lobkowitz**. Erwähnt hatten wir bereits, dass im Jahr 1989 viele Tausende darin Asyl suchten. Die Menschen drängten sich über die Zäune und belagerten die Außenanlagen, bis die Situation sich zuspitzte. Nach dem „Mauerfall" musste die Botschaft, die durch diese Zeit schwer in Mitleidenschaft gezogen wurde, zuerst einmal saniert werden.

Als Nächstes besorgen Sie sich erst einmal eine Sprayflasche, denn jetzt kommt die berühmte **John-Lennon-Mauer** aus den 80er Jahren. Im Kampf gegen den Sozialismus, verbunden mit dem Wunsch nach Freiheit und Frieden, haben sich viele Menschen an dieser Graffiti-Wand verewigt. Sie haben ihre Meinung einfach auf diese Wand geschrieben, egal welche Probleme mit dieser Aktion auf sie zukamen. Die Mauer wird immer wieder übermalt und auch Sie können mit der Spraydose Ihre Meinung darauf hinterlassen. Machen Sie jetzt einen Abstecher zu der **Kampa-Insel** mit dem dort bestehenden Museum. Diese Halbinsel wird auch das „Prager Venedig" genannt. Der atemberaubende Blick über die Moldau hinüber zu der Altstadt belohnt Sie. Geschaffen wurde die Anlage durch den Zusammenschluss mehrerer Palastgärten.

Man findet hier noch alte Mühlen und ein Mühlenrad. Auf den Wiesen werden Sie durchaus so manche Familien sehen, die sich ihre Picknickdecke ausgebreitet haben. Es ist kein Wunder, dass diese Insel zur schönsten Stadtinsel der Welt gekürt wurde. Gehen Sie danach durch die engste Gasse der Stadt. Übergewichtige Menschen gehen quer durch diese Gasse. Mit gerade einmal 50 cm Breite ist es erforderlich, dass durch ein Ampelsystem der Fußgängerstrom geregelt wird.

Man muss zugeben, es ist besser, wenn die Gruppe, mit der man unterwegs ist, nicht zu groß ist, sonst muss man auf alle anderen lange warten, bis es weitergeht. Die schmalste Gasse der Stadt führt von der **U Luzického semináre** hinunter zum Restaurant **Čertovka**. Von der Terrasse des Restaurants hat man einen hübschen Blick auf den Teufelsbach, der auf Tschechisch so heißt wie das Restaurant. Den Ausblick lassen sich die Betreiber des Restaurants sehr gut bezahlen. Deshalb wäre es klug, zum nächsten Restaurant zu gehen, um dort einzukehren. Der große Komplex des **Waldstein Palais** (auch Wallenstein benannt) ist leider nur am Wochenende für Besichtigungen zugänglich.

Im geometrisch angelegten Barockgarten können Sie viele schöne Statuen betrachten. Das Palais ist das größte in der Stadt und ist Sitz des Senats des Parlaments der Tschechischen Republik. Jetzt brauchen Sie eine Abwechslung bei all diesen Prachthäusern, Kirchen und Palais. Stöbern Sie doch ein bisschen in den Läden. In den Gassen der Kleinseite gibt es die typische tschechische Glaskunst. Viele Geschäfte zeigen eine große Auswahl dieser Arbeiten. Von günstig bis teuer, für jeden Geldbeutel ist etwas dabei. Wenden Sie sich jetzt einer besonderen geschichtsträchtigen Seite Prags zu. Der ...

JOSEFSSTADT (JOSEFOV)

Gehen Sie zurück über die **Manes-Brücke** (Mánesův most). Dort führt Ihr Weg weiter in die Judenstadt, ein Stadtteil Prags, der in die Altstadt eingebettet ist. Seit dem 10. Jahrhundert gab es jüdisches Leben in der Stadt. Die Begründung dieses Viertels war im 13. Jahrhundert, von dieser Zeit an durften die Juden nur noch in diesem Stadtteil leben. Erst 1848 konnten sich die Juden auch in anderen Stadtvierteln niederlassen. Bis heute blieben nur wenige Häuser aus der alten Zeit erhalten.

Das alte **Jüdische Rathaus**, die Zeremonien-Halle und insgesamt sechs Synagogen gehören dazu. Auch der **Jüdische Friedhof** ist noch vorhanden. Gewichen sind die alten Judenhäuser neuen Jugendstilhäusern, die an den Pariser Stil erinnern. Daher lesen Sie heute in diesem Viertel das Straßenschild **„Pariser Straße"**. Das Jüdische Viertel ist heute sehr exklusiv und ein echter architektonischer Höhepunkt. Im **Jüdischen Museum** finden sich klassische Sammlungen aus der Vergangenheit und gleichzeitig eine moderne Art der Aufarbeitung mithilfe von elektronischen Medien. Eine Dokumentation des Lebens und Wirkens der Prager jüdischen Bevölkerung. Aus der ganzen Welt kommen Menschen auf den dort vorhandenen alten jüdischen Friedhof und legen Zettel mit ihren Wünschen auf den Grabsteinen ab. Vom 14. bis 18. Jahrhundert bestatteten Prager Juden dort ihre Toten. Die **Alt-Neu-Synagoge** ist bis heute das älteste jüdische aktive Gotteshaus Europas. Alle Besucher müssen dort Kippa tragen. Alles außer dieser Synagoge ist an diesem Platz mehrfach abgebrannt. Am nächsten Ziel kommen Sie bestimmt öfters vorbei. Am ...

WENZELSPLATZ

Jeder Gast, der schon einmal in Prag war, kennt ihn. Die Prager sagen: „Wir treffen uns unterm Schwanz". Das kommt daher, dass vor dem **Nationalmuseum** auf einem Sockel hoch zu Pferd der Heilige Wenzel sitzt. Sein Blick richtet sich die Straße hinunter zu den vielen Jugendstilhäusern und deren Passagen, die die ganzen Straßen und Gässchen miteinander verbinden.

Ein Blick in die Passagen lohnt sich. Gerade dort finden sich interessante Spuren der Vergangenheit. Kommen Sie weg von all dem Trubel dieser Einkaufsmeile und fühlen Sie sich zurückversetzt in eine andere Zeit. Es ist unglaublich, wie ruhig es sich anfühlt, wenn man die Passagen durchläuft. Keine

Angst, alle Wege führen Sie automatisch wieder zurück. Sollten Sie dennoch die Orientierung verloren
haben, fragen Sie einfach in einem der kleinen Geschäfte nach. Die Einheimischen sind sehr gut vorbe-
reitet, wenn sich ein Gast verlaufen hat, was bei den
vielen Eindrücken nicht ungewöhnlich ist. In der
Lucerna-Passage müssen

Sie bestimmt lächeln. Hier hängt der Heilige
Wenzel auf seinem Pferd umgekehrt von der Glas-
kuppel nach unten. Kommen Sie wieder auf die
Hauptmeile zurück, laufen Sie am **Hotel Europa** vorbei. Dort haben berühmte Persönlichkeiten logiert.
Sie sollten zwischendurch immer einmal in die Seit-
engassen schauen, dort finden Sie das **Alfons-
Mucha-Museum**, das dem Leben und Werk des
weltberühmten Jugendstilkünstlers Alfons Mucha
gewidmet ist.

In der Nähe finden Sie das „**Slawenhaus**" und
das **Brodway-Theater**. Machen Sie noch einen Abstecher in die **Na příkopě**, einer weiteren Einkaufs-
straße. Nicht weit davon entfernt sehen Sie dann
noch im **Museum of Communism** im **Palais Sava-
rin** vorbei, wenn Sie sich für die sowjetische Vor-
herrschaft interessieren. Als Nächstes geht es hoch
hinauf auf den ...

PRAGER FERNSEHTURM (ŽIŽKOV TURM)

Der moderne Turm, an dem krabbelnde Kleinkinder des Künstlers David Cerný an den Säulen angebracht sind, hat im Innern ein Restaurant und einen Aussichtsturm. Von dort aus hat man einen herrlichen Blick über diesen Teil der Stadt.

Gehen Sie ruhig einmal nach oben, Sie werden belohnt mit einem hervorragenden Ausblick. Nachts wird der Fernsehturm rot-weiß-blau angeleuchtet. Es gibt unterschiedliche Meinungen zu dem Objekt. Die einen sagen, der Turm würde die Gegend verschandeln, die anderen finden ihn als Bereicherung für das Neue Prag. Weiter geht es auch auf modernen Spuren in das Viertel ...

BUBENEČ

Hoch oben über der Stadt findet man das **Metronom**, eines der Wahrzeichen der Stadt – die Zeit steht nicht still, sie ist endlos. Beim Betrachten dieses Gebildes meint man das auch. Die Terrasse ist eine der beliebtesten Skater-Treffpunkte Europas. Schauen Sie ruhig den jungen Menschen zu, wie sie ihre fast halsbrecherischen Fahrten auf ihren Boards zeigen. Herrje, da sind auch ältere Leute dabei.

„Respekt", kann man da nur sagen. Zwischen den Platanen-Alleen gibt es später viele Sitzgelegenheiten, um eine Pause einzulegen. Oben auf der Aussichtsplattform steht man buchstäblich über allen Dingen. Der einzigartige Ausblick ist dann eine weitere Belohnung für die Gäste. Hier sieht man alle Prager Brücken in einer Linie. Bevor es in den **Stromovka-Park** weiter geht, sollten Sie noch einen Abstecher in ein behagliches Café machen.

Das **Café Alchymista** liegt versteckt in einer Seitenstraße direkt hinter dem Sparta-Stadion auf der Letná-Ebene. Es ist eine kuriose Mischung aus gemütlichem Szenelokal, Teestube und Konditorei, das schon in zweiter Generation betrieben wird.

Im Stromovka-Park, dem ehemaligen königlichen Wildpark, finden Natur und Mensch zueinander. Grüne Wiesen, Teiche, Restaurants und Kinderspielplätze bereichern das Areal. Bereits die Familie Kafka spazierte durch diese Grünanlagen.

Der im englischen Stil gehaltene Park, im Stadtviertel **Bubeneč,** grenzt im Norden an die Kaiserinsel (Císařský ostrov), von der man mit einer Fähre zum Zoo oder zum Schloss Troja gut fahren kann und genau dorthin geht es weiter, wenn Sie noch fit sind.

TROJA

Nordwestlich des Stadtzentrums im Bezirk Prag 7 liegt der weitläufige Park mit seinen üppigen Grünflächen und das **Schloss Troja**. Im Schloss werden böhmische Kunst und eine Anzahl von Kostümen aus dem Kunstmuseum gezeigt. Der barocke Schlossgarten ist ein Traum für Verliebte. Nicht weit vom Schloss entfernt liegt der Zoo.

Der **Prager Zoo** ist für Klein und Groß ein Erlebnis. Ein großes Spielparadies mit Tieren. Seine neue Gestaltung spricht die heutige Generation an. Hier kann man fast einen ganzen Tag verweilen, wenn es der Aufenthalt zeitlich zulässt. Auf 58 Hektar breitet sich der Zoo aus. Wasserläufe und Bäche durchziehen das Gebiet und beherbergen ca. 5.000 tierische Bewohner. Sie sollten auch einmal mit dem Sessellift fahren. Wenn Ihnen der Zoo nicht gereicht hat, dann kommen Sie mit in den ...

BOTANISCHEN GARTEN

In Prag gibt es zwar mehrere botanische Gärten. Dieser hier im Bezirk Prag 7 ist jedoch der großzügigste von allen. Eine Augenweide für Natur- und Pflanzenliebhaber. Besonders schön ist es, dass nur der Besuch der Gewächshäuser Eintritt kostet. Der Rest ist kostenfrei. Der Garten gehört zur Prager Karls-Universität. Jetzt gibt es noch ganz besondere Tipps für Sie. Es geht nach …

BARRANDOV

Im Süden liegen die berühmten **Barrandov Studios**. Hier wurden die legendären Filme „Drei Haselnüsse für Aschenbrödel", „Die Chroniken von Narnia", „Van Helsing", die Serie „Pan Tau" und viele andere bekannte Filme gedreht. Führungen gibt es auf Anfrage. Im Kostümfundus kann man sich so manches Kostüm mieten. Ganz schön aufregend diese Stadt, aber vielleicht gefällt Ihnen die nächste Anlaufstelle noch besser. Es geht nach …

BUBNY

Mit der Straßenbahn oder dem Bus fährt man zum alten heruntergekommenen Vorortbahnhof **Bubny**. Von dort aus sind tausende Prager Juden in die Konzentrationslager deportiert worden. Ein Schienenstrang in den Himmel erinnert noch an diese schreckliche Zeit. Eine Straße weiter, noch im Stadtteil **Holešovice**, finden Sie eine einzigartige Attraktion. Der Kunst- und Kulturtreff „**Crossclub**" lädt Interessierte aus der ganzen Welt zum abendlichen Feiern ein. Zwar gleicht das äußere Bild einem Schrottplatz, was architektonisch gewollt ist, da die Metallkonstruktionen tatsächlich aus Schrott bestehen, dennoch ist es ein verrückter Ort. Hier finden sich Musik, Malerei und Kino.

Die Open Airs sind zwar etwas improvisiert, gehören jedoch zum Geschehen einfach dazu. Im Club wird auf vier Etagen gefeiert, bei Essen, Trinken, Musik. Fast jeden Abend gibt es Livemusik und so mancher schwingt hier das Tanzbein. Sie merken, es geht nicht immer so glanzvoll zu in dieser Stadt, deshalb erfahren Sie mehr über ...

HOLEŠOVICE

Der größte Teil des Stadtteils gehört zum 7. Stadtbezirk, ein kleinerer Teil gehört zum 1. Stadtbezirk. Das ehemalige Arbeiterviertel mit seinen alten Fabrikgebäuden ist so ganz anders. Ein Szeneviertel findet sich dort, mit Kunst und umgebauten Cafés. Zwischen den alten Lagerhallen finden sich Verkaufsstände mit allen möglichen Dingen. Egal ob man sie braucht oder nicht, es reicht schon, einfach nur durchzulaufen.

Viele Touristen finden Sie dort nicht. Der Ort wirkt zunächst seltsam. Kein Prunk und kein Geschnörkel. Irgendwo dazwischen findet man auch ganz versteckt ein Haus der Modernen Kunst. Im Kulturzentrum **Jatka**, einem ehemaligen Schlachthaus, ist die Heimat- und Probebühne des **Cirk La Putyka**. Zirkus und Theater treten hier in Aktion. Jetzt würden wir an Ihrer Stelle mit der Straßenbahn fahren und den Rest zu Fuß zurücklegen. Wenn Sie Burganlagen mögen, kommt etwas für Ihren Geschmack. Sie erreichen ...

HRADČANY (HRADSCHIN)

Westlich der Prager Burg liegt die Burgstadt. Dort finden Sie die **Abtei Prämonstratenser** vom **Strahov Kloster**. Neben der Klosterkirche und der **St. Rochus-Kirche** erwarten Sie die beeindruckendsten Bibliotheken Mitteleuropas. Angeblich besitzt die Bibliothek eine Millionen Bücher. Nur mit Führung kommen Sie in die Säle hinein. Es lohnt sich alleine für die herrlichen Deckengemälde.

Im gegenüberliegenden Miniaturkabinett könnte man auch kurz vorbeischauen. Nur mit dem Mikroskop lassen sich winzige Sehenswürdigkeiten dort erkennen. Natürlich gibt es noch viel mehr zu sehen, wie die noch heute beliebte Wallfahrtsstätte katholischer Gläubige, das **Loreto**. Der Bau dieses faszinierenden Gebäudes dauerte fast ein Jahrhundert. Hören Sie sich nur einmal eine Weile das Glockenspiel an, wenn sich die Gelegenheit dazu bietet. Das Zusammenspiel der 30 Glocken ist einfach spektakulär. Und – es ist richtig, wenn Sie den Namen einer italienischen Herkunft zuordnen. Die Kapelle wurde nach dem Vorbild der „Casa santa" in der italienischen Gemeinde Loreto nachempfunden. Aber schließlich müssen Sie ja noch zu einem sehr wichtigen Ort in dieser Metropole. Zur ...

PRAGER BURG

45 Hektar umfasst das größte Burgareal der Welt. Ihr Aussehen verdankt das Areal weitgehend den Umbaumaßnahmen unter Kaiserin Maria Theresia im Jahr 1753. Nach dem Ersten Weltkrieg und bis heute wurde sie zum Amtssitz des Staatspräsidenten. Gehen Sie durch den dritten Burghof, kommen Sie zum **St. Veits-Dom**, dem größten Kirchengebäude Tschechiens.

Die Krönungskirche und Grablege der böhmischen Herrscher kann man nicht mit wenigen Worten beschreiben. Ihre Geschichte alleine würde den Rahmen sprengen. Deshalb sollten Sie sich besonders viel Zeit lassen, diese Kirche zu besichtigen. Wenn Sie übrigens bei Ihrem Besuch das Glockengeläut hören, dann sollten Sie wissen, dass die Glocke bis heute von vier Personen per Hand geläutet wird.

Es bedarf eines enormen Kraftaktes, denn die Glocke wird auf 14,5 - 16,5 Tonnen geschätzt. Die Kirche steht zwar schon auf dem hohen Berg über der Stadt, dennoch ist es empfehlenswert, den 99 Meter hohen Kirchturm zu besteigen. Der Ausblick, bei dem man auf das malerische Prag blicken kann, ist einzigartig. Laufen Sie deshalb auch noch etwa 50 Meter vom Burgplatz entfernt in den Paradiesgarten. Von hier aus hat man einen malerischen Blick über die Stadt und man sieht die berühmte Karlsbrücke. Die mit Edelsteinen verzierte **Wenzel-Kapelle** und das Grab des Heiligen Johannes von Nepomuk, für welches fast mehr als eine Tonne Silber verwendet wurde, sind natürlich auch sehenswert.

Der wertvollste Schatz Europas, der Domschatz, rundet den Rundgang in dem prächtigen Kirchengebäude ab. Übrigens, wenn Sie vom Burgfieber gepackt werden, dann müssen Sie gleich noch das nächste Areal besuchen ...

VYŠEHRAD

Einer der bekanntesten frühmittelalterlichen Burgwälle liegt südlich der Prager Neustadt, der sich auf einem Hügel am rechten Moldauufer erhebt. Innerhalb der heutigen barocken Festung finden Sie die Kirche **St.-Peter-und-Paul**. Durch Papst Johannes Paul II erhielt die Kirche im Jahr 2003 den Ehrentitel zur „Basilika minor", was die „kleinere Basilika" bedeutet. Damit gehört sie in den Rang bedeutender Kirchenbauten, die einer besonderen Bindung zum römischen Bischof unterliegen und deren Bedeutung für das Umland hervorheben. Auf dem

Vyšehrader Friedhof finden Sie die letzten Ruhestätten vieler Persönlichkeiten, wie die der Komponisten **Dvořák** und **Smetana.** Was Sie als Nächstes erleben, ist wieder einmal Natur pur in ...

PETŘÍN (LAURENZIBERG)

Machen Sie einen Abstecher in das beliebte Naherholungsgebiet der Prager Bevölkerung. Auch dort werden Sie überrascht sein, wie viele Sehenswürdigkeiten auf dem Hügel versteckt sind. In unmittelbarer Nachbarschaft zur **St.-Laurentius-Kirche**, eine im Barockstil erbaute Kirche, finden Sie die Hungermauer, eine Wehrmauer aus vergangenen Zeiten. Versuchen Sie, sich im Spiegellabyrinth nicht zu verirren.

Die großzügigen Spiegel verhindern durch ihre Anordnung das einfache Durchschreiten der Wege. Bringen Sie genug Zeit mit, denn die Tücken sind nicht zu unterschätzen. Wenn Sie den Weg aus der Anlage gefunden haben, sollten Sie, falls es Ihre Kräfte noch zulassen, auf den 63,5 Meter hohen Turm steigen. Vorsicht, nicht dass Sie denken, Sie wären in Paris. Der Turm wurde als verkleinerter Nachbau des Pariser Eiffelturms gebaut. Zwar ist er nur 60 Meter hoch, und es kommen weniger

Touristen, um ihn zu sehen, dennoch ist der Ausblick gigantisch. Statt einem Abstieg über die 299 Stufen, dürfen Sie sich gerne auch mit der alten Standseilbahn in die Stadt hinunterbringen lassen.

Wenn Sie noch genug Energie haben, können Sie jedoch auch noch die nächste Attraktion betrachten. Wissen Sie noch, wer das Lied „Biene Maja" gesungen hat? Sind Sie neugierig geworden? Dann erkunden Sie die nächste Station ...

LETNÁ SMÍCHOV

Der Stadtteil **Praha 5** liegt südlich des Stadtteils **Malá Strana (Kleinseite)** am westlichen Ufer der **Moldau.** In diesem Gebiet steht das Wohnhaus des Sängers und Komponisten Karel Gott, der im Oktober 2019 in Prag verstorben ist. Er ist auf dem Friedhof **Malvazinky** beerdigt. Auf dem Friedhof finden Sie auch den **Neuen Jüdischen Friedhof** mit über 6.205 m², auf welchem sich etwa 800 Grabsteine befinden. Es gibt noch unzählige andere, besondere Dinge zu sehen, doch stellt sich die Frage ...

Was interessiert Sie?

Die Stadt, mit ihren 30 Brücken und 100 Türmen, lädt auch zum Bummeln ein. Schier endlose Einkaufspassagen, Museen, Galerien, Parkanlagen laden Sie ein, unvergessliche Tage in Prag zu verbringen. Die Universitätsstadt bietet ausgefallene Freizeitmöglichkeiten.

Zahlreiche Veranstaltungen, ob im Theater, im Sommer im Freien, in Kneipen, lassen sich leicht über die örtlichen Stützpunkte der Touristeninformation herausfinden. Sprechen Sie allerdings mit der Bedienung im Restaurant, werden Sie feststellen, sie hat einen Geheimtipp und freut sich, wenn sie Ihnen helfen kann. Auch Bibliotheken, Büchereien, Kunstgalerien und Antiquitätengeschäfte gibt es fast in jedem Stadtviertel. Abseits des Trubels sind die netten kleinen Geschäfte und warten darauf, entdeckt zu werden. Laufen Sie an kleinen Häusern vorbei und finden Sie kleine Andenken, die aus Wohnzimmern heraus verkauft werden.

Vielleicht ein Aquarell von der Stadt oder ein Portrait Ihrer Liebsten. Vieles wird angeboten. Manchmal Kitsch, aber auch Kunst, je nach Geschmack. Den Ausgleich zu den Erkundungstouren finden Sie in den gemütlichen Cafés und Restaurants, die für jeden Gaumen etwas bereithalten. Geprägt von der böhmischen Küche, die oft als sehr fleischlastig bezeichnet wird, gibt es alles, was Sie suchen. Ob italienische, chinesische oder vegetarische Speisen, für jeden Geschmack ist etwas dabei.

Hier treffen sich die Nationalitäten auch in kulinarischer Hinsicht. Fragen Sie ruhig einmal nach, was besonders zu empfehlen ist. Da die meisten Prager, die in der Gastronomie arbeiten, schon einmal in Deutschland waren, werden Sie herausfinden, dass sie gerne ihre landesspezifischen Gerichte anbieten, aber auch genau wissen, was die Besucher möchten. Nehmen Sie sich nicht zu viele Dinge vor. Bei Ihrem ersten Besuch sollten Sie sich gezielt ein paar

Sehenswürdigkeiten ansehen. Leicht läuft man die Straßen kreuz und quer und hat dabei viele Dinge übersehen. Man kommt dadurch völlig durcheinander und weiß am Abend schon nicht mehr, was man eigentlich gesehen hat.

Weniger ist in diesem Fall oft mehr. Machen Sie größere Pausen zwischen den Besichtigungen, damit die Eindrücke Platz haben für neue. Natürlich müssen Sie sich erst einmal orientieren, bevor Sie anreisen oder wenn Sie schon ankommen sind, und dann sagen Sie sich, jetzt genieße ich erst einmal ein Getränk in einem der Restaurants an der ...

MOLDAU

Der längste Fluss Tschechiens wird auch als „Böhmisches Meer" bezeichnet. Er mündet in die Elbe. Die Moldau hat zwar nicht mehr die hohe Bedeutung als Transportweg aus den früheren Zeiten, wo der Weg auf dem Wasser noch die Basis des Handels war, dennoch ist sie heute ein wichtiger Faktor für den Tourismus in Prag.

Auf einer historischen Schifffahrt haben die Besucher die Gelegenheit, die Sehenswürdigkeiten entlang des breiten Flusses bei Tag und Nacht zu bestaunen. Dabei ist besonders die Beleuchtung der

Stadt am Abend ein Augenschmaus. **Mitten in der Moldau auf der Schützeninsel** (Střelecký ostrov) findet sich das nächste Erholungsgebiet. Hier geben sich Kunst und Musik die Hand. Die Babys, von David Cerný, die Ihnen am Fernsehturm bereits begegneten, finden Sie auch an diesem Ort. Sie sind ein beliebter Hintergrund für Erinnerungsfotos. Die Mischung aus Disko und Abenteuerspielplatz hat ihren besonderen Reiz. 34 Pinguine bewachen aneinandergereiht den Weg zur Schleuse.

Ein besonderer abendlicher Treffpunkt ist der **Jazzdock**, ein Club an der Moldau. Wer Jazz liebt, findet dort in angenehmer Atmosphäre bei Bier und tollem Sound ein fröhliches Beisammensein mit den Pragern und anderen Gästen. Sie sollten vielleicht vorher einen Platz reservieren, denn der kleine Club wird am Abend schnell voll. Wer sich für das nächtliche Treiben in der Stadt weniger interessiert und von den historischen Gebäuden schon fast Albträume bekommt, der kann auch nur einmal die Geschäfte und die Märkte besuchen.

Oder wie wäre es, wenn Sie sich „Ginger und Fred", wie im Volksmund das **Tanzende Haus** genannt wird, einmal ansehen. Aufgrund seiner bizarren Form erhielt es diesen Spitznamen. Das Restaurant im Gebäude hat einen einzigartigen Ausblick auf die Prager Burg und die Kleinseite. Wenn Sie lieber im Freien spazieren möchten, geht es doch besser auf einen …

MARKT IN PRAG

In den Morgenstunden ist der Besuch auf dem Markt am schönsten. Am Ufer der Moldau findet der Bauernmarkt **Náplavka** jeden Samstag regelmäßig statt. Sie finden dort nicht nur Gemüse, Käse, Pilze, Marmelade, sondern auch Korbwaren und andere Arbeiten. Viele der Händler sprechen Deutsch und es herrscht eine angenehme Atmosphäre. Hier kommt man der Prager Bevölkerung sehr nahe.

Probieren Sie doch gleich einmal das Knoblauchbrot als kleiner Snack für zwischendurch. Es gibt natürlich noch weitere Märkte, die sich in der Innenstadt verteilen. Diese sind das ganze Jahr über geöffnet. Diese Märkte sind allerdings stark überlaufen und haben weniger Flair. Natürlich bleibt es Ihnen überlassen, wo Sie sich wohler fühlen. Jetzt kommt die Frage, die Sie sich selbst auch stellen …

Wo finde ich was?

Unter dem Link [https://prag.de/prag-se-henswuerdigkeiten/](https://prag.de/prag-sehenswuerdigkeiten/) können Sie sich zu allen Themen informieren. Es gibt zahlreiche Broschüren, die man entweder herunterladen kann oder sich auch per Post gegen Entgelt zusenden lassen kann.

Von Unterkünften über Restaurants bis hin zu Sehenswürdigkeiten sind alle Interessensbereiche ausführlich beschrieben. Für individuelle Fragen stehen Ihnen die freundlichen Mitarbeiterinnen und Mitarbeiter auch telefonisch zur Verfügung. In den Unterkünften halten die Gastgeber Stadtpläne, Fahrpläne und weitere Broschüren für Sie bereit. Sie sollten sich dennoch vorher ein eigenes Bild verschaffen, da das Angebot so vielfältig ist. Die Hotels und Pensionen geben Ihnen schon vorher gute Tipps. Nutzen Sie daher die Möglichkeit, denn Sie verlieren kostbare Zeit, wenn Sie sich nicht verschiedene Örtlichkeiten gezielt ansehen.

Selbst mit der besten Kondition ist es empfehlenswert, einige Strecken mit der Straßenbahn (Tram) und der U-Bahn (Metro) zurückzulegen. Auch hier können Sie sich anhand der Hinweisschilder auf den Straßen sehr gut informieren. Die Zugänge zur Metro sind weitgehend zwischen den Gebäudekomplexen versteckt, dennoch gut ausgeschildert. Die Fahrkarten für Busse und Bahn erhalten Sie an den Fahrkartenautomaten oder auch am Zeitungskiosk, vielleicht auch in Ihrer Unterkunft.

Fragen Sie einfach dort nach, eventuell auch schon vor Ihrer Anreise. Erschrecken Sie nicht, wenn Sie zum ersten Mal die schier endlose Rolltreppe zur Metro hinunterfahren. Man gewöhnt sich schnell daran. Sollten Sie jedoch Hilfe benötigen, sprechen Sie jemanden an. Die Menschen sind sehr rücksichtsvoll und hilfsbereit. Das werden auch ältere Gäste feststellen, denn hier machen Ihnen die Leute noch Platz in der Straßenbahn, wenn sie sehen, dass jemand zusteigt, der älter ist. Ein Verhalten, das Sie bei den Tschechen noch sehr oft finden.

TOURISTENINFORMATIONEN:

Informationszentrum Altstädter Ring 1- Altstädter Rathaus

Staroměstské náměstí 1 - 110 00 Praha 1 - Staré Město

Öffnungszeiten: täglich von 9.00 - 19.00 Uhr

Informationszentrum Na Můstku

Rytířská 12 - 110 00 Praha 1 - Staré Město

Öffnungszeiten: täglich von 9.00 - 19.00 Uhr

Informationszentrum Václavské náměstí (Wenzelsplatz)

Václavské náměstí (roh se Štěpánskou ulicí) - 110 00 Praha 1 - Nové Město

Öffnungszeiten: täglich von 10.00 - 18.00 Uhr

Flughafen Prag - Terminal **1**

Aviatická - 161 08 Praha 6- Ruzyně

Öffnungszeiten: täglich 8.00 - 20.00 Uhr

Flughafen Prag - Terminal **2**

Schengenská - 161 08 Praha 6 - Ruzyně

Öffnungszeiten: täglich 8.00 - 22.00 Uhr

http://www.prague.eu

tourinfo@prague.eu

DREI LINIEN DER PRAGER METRO:

Alle 3 Linien halten am Wenzelsplatz an verschiedenen Stationen. In der Altstadt kommt man am besten mit der Metro (grüne Linie - A), Haltestelle <u>Staroměstská</u> (Altstadt).

Alle 3 Linien der Metro Prag treffen sich an jeweils einer Station:

Linie A und Linie B: Station Mustek (Wenzelsplatz)

Linie A und Linie C: Station Museum (Wenzelsplatz)

Linie B und Linie C: Station Florenc

Abseits der Massen

Vielleicht haben Sie sich die Stadt auch ganz anders vorgestellt, nicht so überlaufen, etwas ruhiger, dann sollten Sie mal nachsehen, was es abseits der Massen so alles gibt.

Wer die Tourismusmeile der Innenstadt verlässt, kommt automatisch in ruhigere Stadtteile. Die melancholisch wirkenden Friedhöfe, mit ihren zwar vielfach geplünderten Gräbern und manchmal etwas verwahrlostem Äußeren, laden zu langen Spaziergängen ein. Die 80 Friedhöfe sind zwar sehr gut besucht, dennoch laufen Sie nicht der Masse entgegen. Die Gäste der Stadt suchen Ruhe und Entspannung, fern ab von den überwältigenden Bauwerken und dem hektischen Treiben der Einkaufsmeilen. Auch die über der Stadt liegenden Cafés und Restaurants sowie die malerischen Parks und Grünanlagen abseits des Zentrums laden Sie ein. Nur wenige Minuten vom Zentrum entfernt, oder eine Station mit der Metro weiter, finden Sie neue interessante Gebäude. Die Preise für Essen und Trinken werden dann auch merklich günstiger. Wenn Sie nicht bereits mit dem Flugzeug angekommen sind, fahren Sie ruhig einmal mit der Straßenbahn zur Endstation in den nordwestlichen Teil Prags nach **Rudzyne**. Dort befindet sich nicht nur der internationale Flughafen der Stadt, sondern auch der große Gefängniskomplex.

Ein weiterer Rückzugsort vom Massentourismus ist der Ortsteil **Troja**. Von der Innenstadt aus läuft man ca. eine Stunde oder man fährt mit der Tram und mit dem Bus. Dort findet sich zunächst der Schlosspark. Der Park ist ein Traum für Verliebte. Das Barockschloss wurde Ende des 17. Jahrhunderts für eine wohlhabende Adelsfamilie errichtet. Benachbart liegt der Zoo von Prag. Der neu angelegte Park ist gerade für Familien ein schönes Ausflugsziel. Prag ist auch die ideale Stadt für frisch Verliebte, Verlobte oder Verheiratete. Entdecken Sie die ...

ROMANTIK AN DER MOLDAU

Nicht nur die **Karlsbrücke**, der **St.-Veits-Dom**, das **Goldene Gässchen** und die **Schlossstiege** laden Verliebte zum nächtlichen Spaziergang ein. Das Gässchen ist zwar täglich von Menschen gefüllt, ist aber ein Platz, den man unbedingt gesehen haben muss. Erleben Sie einen Teil der Stadt, der auch das „Venedig an der Moldau" genannt wird, oder erleben Sie die Stadt bei Nacht mit dem Schiff.

Abschließend laden Sie gemütliche Restaurants an der Moldau zum **Candle-Light-Dinner** ein. Besuchen Sie einen regelrechten „Märchengarten". Der herrlich angelegte **Vrtba-Garten (Vrtbovská- Garten)** ist ein Rückzugsort der besonderen Art. Fast kitschig, aber sehr romantisch liegt dieser Garten fern ab von allem Trubel. Übrigens für die Prager ist es ein beliebter Ort für Trauungen. Sollten Sie mit der Familienplanung schon einen Schritt weiter sein, dann können Sie auch ...

MIT KINDERN DIE STADT ENTDECKEN

Kinder wollen spielen und hier kommen die Kleinen auch wirklich nicht zu kurz. Die vielen Spielplätze an der **Karlsbrücke**, der **Franziskanergarten**, die Schützeninsel an der Moldau oder eine Fahrt mit der Seilbahn auf den **Laurenziberg** zum Spiegelkabinett machen der ganzen Familie Spaß. Gerade mit Kleinkindern ist es für die Eltern einfacher in dieser Stadt.

Die Grünanlagen sind so weitläufig, dass man die Kleinen gut alleine laufen lassen kann und nicht Angst haben muss, dass fahrende Autos für sie gefährlich werden könnten. Ob der Besuch im Schokoladenmuseum oder im Spielzeugmuseum, es gibt auch für „Schlechtwettertage" das richtige Programm für Ihre Jüngsten.

Ein Ausflug ins Badeerlebnis „**Prags Aquapalace**" ist dann auch genau das Richtige. Am Ende einer langen Entdeckungstour durch die Stadt gibt es dann noch ein besonderes kulinarisches Erlebnis. Im Restaurant **Výtopna** (Wenzelplatz 56, Prager Stadtbezirk 1) werden die Getränke in kleinen Modelleisenbahnen zum Gast gefahren. Für alle Fälle sollten Sie sich die Broschüre „Prag mit Kindern", die die Stadt Prag eigens für die kleineren Besucher zusammengestellt hat, besorgen. Die unzähligen Spielplätze und Freizeitmöglichkeiten helfen Ihnen, auch die Attraktionen für Ihre Jüngsten in Ihr eigenes Tagesprogramm zu integrieren. Wer mit seinem Reisebudget nicht so große Sprünge machen kann, der findet auch Angebote ...

FÜR DEN KLEINEN GELDBEUTEL

Denn die Schönheit der Stadt lässt sich weitgehend zu Fuß entdecken. Melden Sie sich bei einer kostenlosen Stadtführung **(Free Walking Tour)** an und werden Sie von einem ortskundigen Stadtführer durch die Stadt geführt, der sich lediglich über ein kleines Trinkgeld freut. Der Termin kann bereits vor Anreise vereinbart werden.

Das Gelände der Prager Burg, das das historische Viertel Hradschin **(Hradčany)** dominiert, ist täglich von Touristen umgeben. In den frühen Morgenstunden ist ein Besuch zu bevorzugen, um auch die weiteren Höhepunkte dieses Areals genießen zu können. Denn auch der **Wallenstein-Garten** und viele andere frei zugängliche Sehenswürdigkeiten laden zum Verweilen ein. Erkundigen Sie sich über die Termine von kostenlosen Konzerten und Yoga-Sitzungen bei der Touristeninformation Prag. Viele

Einrichtungen zeigen Sonderausstellungen, die kunstinteressierte Besucher kostenlos besichtigen können. Auf den Wegen durch die Parkanlagen sind viele Kunstwerke verschiedener Epochen zu bewundern.

Fahren Sie ruhig einmal mit der Metro ans andere Ende der Stadt. Es lohnt sich für den Geldbeutel. Die Waren, die in den kleinen Geschäften am Stadtrand angeboten werden, sind viel günstiger als die auf der Tourismusmeile. Vergessen Sie nicht die botanischen Gärten der Stadt. Einer davon ist Ihnen ja bereits begegnet. Dort finden Sie Ruhe und müssen nur in wenigen Bereichen Eintritt zahlen.

Das Budget von 50,-- Euro pro Tag (ohne Unterkunft) ist ausreichend bzw. schon sehr viel, um sich in Prag zu vergnügen. Eine Unterkunft in einem Hostel gibt es schon ab 20,-- Euro pro Nacht. Natürlich gibt es nach oben keine Grenze. Geld sparen kann man gut, indem man eher die Grünanlagen nutzt, um dort ein Picknick zu machen. Im Sommer sind Sie allerdings nicht alleine mit der Idee, aber dafür haben Sie eine große Anzahl von Plätzen in und um den Stadtkern verteilt.

Die Stadt Prag hat allerdings dafür so viele Möglichkeiten gefunden, dass sich die Menschen nicht so bedrängt fühlen. Es gibt überall Sitzbänke, die teilweise so verwinkelt angeordnet sind, dass man das Gefühl hat, alleine in dieser großen Stadt zu sein. Diese Lösung finden Sie nicht in vielen Städten Europas. Es gibt auch andere Möglichkeiten, die Stadt zu erkunden, und zwar ...

MIT DEM RAD DURCH DIE STADT

Über das historische Kopfsteinpflaster lässt sich zwar nicht so einfach fahren, jedoch können Sie sich mit einem guten Mountainbike sehr gut vorwärts bewegen.

Da es entlang der Touren stets bergauf und bergab geht, sollte man sich besser nicht zu viel zumuten, wenn man nicht ein geübter Fahrradfahrer ist. Ansonsten ist das Radfahren in der Stadt gut möglich, abgesehen vom Slalomfahren um die Touristen. Erlaubt ist hier auch noch das Befahren der Innenstadt.

Besser ist es allerdings, das Rad in manchen Bereichen zu schieben. Damit bekommt man auch wieder einen Ausgleich für die Strapazen der vorangegangenen Strecke. Die Touristeninformation und Privatpersonen bieten auch interessant geführte Fahrradtouren an. Hierbei besteht die Möglichkeit, ein E-Bike zu mieten und auch die Frage der körperlichen Anforderungen für die entsprechende Tour abzufragen. Auch Fahrten aus der Stadt ins Umland sind dabei ratsam. Da kommt eine neue Frage auf ...

WAS BIETET DAS UMLAND?

Ein Tagesausflug zum **Schloss Karlstein** lohnt sich. Das ursprünglich im mittelalterlichen Baustil gebaute Burgareal ist heute als Schloss völlig überbaut. Es erscheint fast märchenhaft, wenn man das sehr gut erhaltene Bauwerk, das imposant auf dem Berg thront, betrachtet. Eine Burgführung ist hoch interessant. Da es sich um ein sehr beliebtes Monument handelt, sollte jeder Besucher im Sommer viel Zeit mitbringen. Außerhalb der Hauptreisezeit ist der Besuch gemütlicher. Lassen Sie sich diese Attraktion nicht entgehen.

Wer sich nicht nur für das jüdische Leben in Prag vor dem Zweiten Weltkrieg interessiert, sollte unbedingt eines der größten Konzentrationslager dieses Krieges, **„Theresienstadt"** (Terezin), besuchen. Ungewöhnlich ist der Kiosk, der am Eingang dieser Anlage nahezu unpassend erscheint, wenn man bedenkt, dass die Menschen einst dort verhungert sind.

Die südböhmische Stadt **Krumau** lädt ihre Gäste ein. Das auch als „Perle des Böhmerwaldes" bezeichnete Städtchen gehört ebenfalls zum Weltkulturerbe.

Die kleinen verwinkelten Gassen, die nahe liegende Moldau und die Wälder sollten bei Lauffreudigen unbedingt zum Tagesprogramm gehören. Wenn Sie eine nette Geschichte zum Weitererzählen hören wollen, dann erfahren Sie mehr von einer …

Legende der Stadt und Traditionen

Bis heute lebt die Legende vom **Golem** von Prag. Die Geschichte vom Rabbi Löw und seinem Golem aus Lehm erzählt nicht nur so mancher Gästeführer, sondern war schon oft eine Inspiration für so manchen Film oder eine Theateraufführung.

Die Geschichte ändert sich manchmal, je nachdem wer sie erzählt. Eine davon erzählt, wie es im 16. Jahrhundert immer wieder zu Spannungen zwischen der jüdischen und der christlichen Bevölkerung kam. Als die Angriffe auf die jüdische Gemeinde zunahmen, kam Rabbi Löw angeblich die Idee vom

Golem, den er aus Lehm formte. Den Lehm holte er an der Moldau. Durch uralte Rituale und Beschwörungen soll er den Golem zum Leben erweckt haben.

Zwar hatte dieser Golem keine menschlichen Regungen im Gesicht, sondern nur glühend rote Augen. Der Rabbi soll dem Golem einen Zettel in den Mund geschoben haben, auf dem der Befehl stand, die Gemeinde in der Nacht zu beschützen. Der Koloss aus Lehm soll dann in der Nacht durch die Straßen gelaufen sein und seine Aufgabe erfüllt haben. Von da an wurden alle jüdischen Bewohner vor Angriffen geschützt.

Eine nette Geschichte, die leider ihren Schutz in nachfolgenden Jahren verloren hat. Natürlich gibt es auch bei den Pragern ...

Traditionen

Kommen Sie an Ostern oder an Weihnachten in die Stadt. Erleben Sie, wie an Ostern die Bürger ihre Häuser säubern, die Wände frisch streichen und von außen kalken – an den Tagen vor Ostern (Blauer Montag, Gelber Dienstag und Schwarzer Mittwoch). Nach alter Tradition soll der alljährliche Brauch des Hausputzes den Winter aus den Seelen der Menschen vertreiben. Überall kann man Weidenkätzchen kaufen. Das Ritual der jungen Männer, die

Mädchen damit mit einem leichten Schlag ans Bein berühren, während sie Osterlieder singen, ist in manchen Familien geblieben. Auch das Bier und nicht nur der Spinat ist an Gründonnerstag grün.

Dazu gibt es ein eigens hergestelltes grünes Bier, das auf dem Weltmarkt bereits seinen Platz gefunden hat. Die Prager leben noch ihre alten Bräuche. Auch an Weihnachten ist es so. Anheimelnde Weihnachtsmärkte laden die Besucher ein. Prag unterscheidet sich jedoch von anderen Großstädten. Hier gibt es in der Vorweihnachtszeit noch einen Laternenanzünder, der wie früher die alten Gaslaternen einzeln mit einem Docht anzündet.

Genießen Sie die weihnachtlichen Konzerte, im **Rudolfinum** oder an Heiligabend das Freilichtkonzert auf dem **Altstädter Ring**. Die Kirchen laden nicht nur zu ihren Gottesdiensten ein, sondern präsentieren auch zahlreiche Holzkrippen, wobei eine schöner als die andere erscheint. Damit Sie eine kleine Auswahl aus dem riesigen Angebot von Unterkünften, Restaurants und Cafés bekommen, gibt es jetzt noch ein paar Tipps:

Unterkünfte

VON LUXUS BIS GUT BÜRGERLICH

Hotels *****
Alchymist Grand Hotel & Spa
http://www.alchymisthotel.com

Alcron Hotel Prague
https://www.alcronhotel.com

Ambassador - Zlatá husa
http://www.ambassador.cz

Hostel
Czech Inn
https://www.**czech-inn**.com

A Plus Hotel & Hostel
http://www.aplus-hostel.cz

Pensionen
Pension Březina
https://pension-brezina.hotel.cz
U Zeleného věnce
http://www.uzv.cz/

Pension Lucie
http://www.pensionlucie.cz

Überall gibt es Essen und Trinken. Wenn Sie die Straßen entlanglaufen, riecht es fast an jeder Ecke nach Leckereien, daher erleben Sie ein ...

KULINARISCHES PRAG

Die Speisen, die in den Restaurants angeboten werden, sind vielfältig. Natürlich kann jeder das essen, was er von zu Hause gewohnt ist, wie zum Beispiel das Schnitzel oder die Pizza. Allerdings lohnt es sich, eher einmal die einheimische Küche zu probieren. Die etwas fleischlastige Küche muss es nicht immer sein. Auch vegetarische Köstlichkeiten werden angeboten.

Da die tschechische Küche der ungarischen, aber auch der österreichischen Küche ähnelt, findet man Ungarisches Gulasch genauso wie den Palatschinken auf der Speisekarte vieler Restaurants. An kalten Tagen sind die Suppen ein wahres Gedicht. Kleine Stände bieten ihren Baumkuchen am Straßenrand an.

Der „Trdelník", der ursprünglich aus der Slowakei stammt, besteht aus einem Teig, der auf Metallstangen gerollt und auf offenem Feuer zubereitet wird. Danach wird das Ganze mit Zucker bestäubt. Den Kalorienzähler sollte man besser zu Hause lassen, denn die vielen Torten, Stückchen und Eisspezialitäten verführen an jeder Ecke. Es gibt so manche Chocolaterie, an der man nicht so einfach vorbeilaufen kann. Manchmal kann man in den Passagen auch bei der Herstellung der Speisen zuschauen. Die Besucher bekommen auch hier so manche Attraktion zu sehen. In der gehobenen Gastronomie erwarten Sie Menüs auch zu verschiedenen Anlässen.

Vielleicht ist es ein Geburtstag, eine Hochzeitsreise oder einfach ein Wunsch, es sich gutgehen zu lassen. Die Angebote der Hotels lohnen sich auch hier. Die Angebote haben keine Grenzen. Wieder ein Tipp:

Kleine Preise, große Portionen – es schmeckt noch wie bei „Muttern"

In diesem Selbstbedienungslokal haben Sie noch das Gefühl, in Mutters Küche zu speisen. Die Portionen sind sehr groß und der Preis von ca. 3,-- Euro fast nicht zu glauben. Es ist zwar nicht ganz so gemütlich wie in den anderen Lokalen, dennoch bietet sich ein Besuch dort an, wenn man schnell etwas essen möchte. Gerade für Studenten ist es eine interessante Anlaufstelle.

Havelská Koruna – Havelská 21 · 110 00 Praha -
Website: havelska-koruna.cz

Wenn Sie die typischen Kaffeehäuser von Prag erleben wollen, haben wir hier ein paar Vorschläge für Sie:

Kaffeehäuser mit Eleganz:

Café Savoy – Vítězná 124/5, 150 00 Praha 5 – *www.cafesavoy.ambi.cz*

Slavia Café – Národní 1012/2, 110 00 Praha-Staré Město – www.cafeslavia.cz

Café Imperial – Na Poříčí 15, 110 00 Praha 1 – www.cafeimperial.cz

Choco Café-Betlémské nám. 1004/8, 110 00, Praha 1

Natürlich dürfen bei unseren Vorschlägen Restaurants nicht fehlen:

Restaurants

Mlejnice Kožná 488/14, Staré Město
Hier gibt es typisch tschechisches Essen

Myslikova Myslikova 1343/24 120 00 Praha 2 gutes Preis-Leistungsverhältnis

Mlýnec Novotného lávka 199/9 Praha 110 00
gehobene Küche

Erleben Sie die ...

PARTYMEILE PRAG

Wer sich nicht nur auf den Spuren der Stadtge-
schichte bewegen möchte, findet hier noch die Möglichkeit, ausgiebig zu feiern. Für deutsche Verhält-
nisse sind die Preise für Speisen und Getränke sehr
günstig. Auch der Eintritt in die Diskotheken ist er-
schwinglich, sodass man mit einem kleinen Budget
durchaus vergnügliche Tage in der Metropole Prag
verbringen kann.

In vielen Clubs gibt es regelmäßig Livemusik
und man kommt schnell in Kontakt mit anderen Gästen oder Einheimischen. Die neueren Bars und Clubs
sind zwar etwas teurer, jedoch deutlich charmanter
als die etwas schäbigen alten Häuser. Sie fragen sich
bestimmt ...

WAS TRINKEN DIE PRAGER?

Nicht nur am Abend trinken die Prager ihr Bier.
Tagsüber fließt es genauso wie am Abend. Es gibt in
Prag einen Grundsatz, dass ein Bier nur mit Druck-
luft und schnell gezapft werden muss. Kohlensäure
ist dabei verpönt. Das Prager Bier gehört traditionell
zu den besten der Welt. Die Preise sind günstig und
es bleibt bestimmt nicht nur bei einem Bier. Jetzt

müssen Sie auch noch etwas lernen!

Zuprosten geht so: Man stößt die Gläser zuerst mit einem 'Na zdravi' (Zum Wohl) an – dann noch einmal kurz mit dem Glasboden den Tisch leicht berühren oder sogar heftig darauf schlagen, bevor der erste Schluck getrunken wird. Und nun noch ein paar ...

Geheimtipps

Wer keine eigenen Fahrräder dabei hat, der kann sich Fahrräder leihen. Besonders interessant sind die geführten Fahrradtouren. Sie lernen die Stadt auf eine ganz besondere Art kennen.

Die Tour führt nicht nur durch die Straßen der Innenstadt, sondern auch in die Umgebung, vorbei an den Bauwerken, hinaus ins Grüne. Hierbei sollten Sie jedoch darauf achten, dass Ihre Ausdauer stark gefordert wird. Die Touren gehen oft sehr steil bergauf.

Sparen Sie Zeit und Geld mit der Prag Card für 2, 3 oder 4 Tage. Mit dieser Karte haben Sie viele Vergünstigungen in Museen und bei der Besichtigung von über 60 Attraktionen. Auch Rabatte bis 50 % für Touren und Shows sind möglich. Die Prag Card können Sie bereits vor Ihrer Anreise online kaufen oder direkt vor Ort in den Stützpunkten der Touristeninformation.

Mit der Karte ersparen Sie sich, in langen Warteschlangen zu stehen. In so manchen Einrichtungen kommen Sie mit dieser Karte wesentlich schneller durch die Eingangskontrolle. Bei einem mehrtägigen Aufenthalt lohnt sich diese Investition auf jeden Fall.

Fahren Sie mit der Straßenbahn 22, die quer durch die Stadt fährt. Für 90 Minuten zahlen Sie ca. 1,20 Euro und fahren an allen Sehenswürdigkeiten vorbei. Es ist zwar nicht die bequemste Art, vorwärts zu kommen, vor allem dann nicht, wenn die Bahn überfüllt ist, aber besser als Blasen an den Füßen.

Ein Abstecher in den Stadtteil **Vinohrady** empfiehlt sich, wenn Sie es eher ruhig mögen. Es sieht dort noch etwas wild aus. Viele Häuser sind stark sanierungsbedürftig und es fehlt ein bisschen das Ambiente, das man jetzt von anderen Stadtteilen gewohnt ist. In der Straße **„Krymska"** gibt es ein veganes Restaurant, viele kleine Geschäfte und man sieht dort das einfache Leben der Stadt. Auch für Weinliebhaber ist der Ortsteil interessant. Dort sind die innerstädtischen Weinberge Prags, wo Rot- und

Weißwein angebaut wird. Vielleicht haben Sie die Gelegenheit, direkt beim Winzer ein Schlückchen zu probieren. Die Leute freuen sich besonders, wenn Sie sich für ihre Arbeit im Weinberg interessieren und es kann sein, dass Sie dann auch noch zu einer kleinen Mahlzeit eingeladen werden.

Prag in allen Facetten

Natürlich war das noch lange nicht alles, was man über diese Stadt erzählen kann. Viele Geschichten wurden niedergeschrieben oder einfach nur erzählt. Dabei gibt es auch Geschichten, die niemals geschehen sind, aber die dennoch viele glauben. Jede Stadt hat ihre Besonderheit. Prag jedoch ist die „besondere Stadt". Auf den Spuren der Vergangenheit können Sie sich inspirieren lassen. Künstler finden vielleicht ein neues Motiv für ihr nächstes Projekt. Schriftsteller ihre Anregung für ihren nächsten Roman. Urlauber einfach nur schöne Erinnerungen. Wenn am Schluss einer Reise nach Prag noch ein Wunsch offenbleibt, hat man etwas vergessen.

Entweder war die Reisezeit, die man eingeplant hat, zu knapp bemessen oder es waren vielleicht nicht die richtigen Mitreisenden dabei. Einen Grund kann es immer geben. Es liegt jedoch nicht an dieser Stadt. Denn sie ist offen für alle Wünsche. Geprägt von ihrer Vergangenheit lässt sie sich heute auf viel Neues ein. Moderne Aspekte begegnen den Gästen in vielen Bereichen. Alt und neu in harmonischer Kombination zu finden, ist schon alleine eine Kunst. Dennoch ist es möglich. Prag erreicht weitgehend jeden Geschmack, und wenn das Passende noch nicht dabei ist, dann findet es sich beim nächsten Mal. Kommen die Gäste einige Zeit später erneut, dann hat sich wieder so einiges getan in der stets wachsenden Metropole. Tatsache ist, dass hier ein Miteinander funktioniert. Egal welcher Nationalität, welcher Hautfarbe, welcher Religion, die Stadt und ihre Menschen sind offen.

Man lernt sich bei einem guten Bier oder einem Glas Wein kennen. Nichts wird hier kompliziert gehalten, im Gegenteil, es wird total unkompliziert gemacht. Feiern ist erlaubt und auch so mancher Raucher wird sich wundern, wenn er plötzlich in einer Kneipe rauchen darf. Als Universitätsstadt ist Prag ebenso eine beliebte Anlaufstelle für Studenten. Jung und Alt kommen hier zusammen. Sie leben und prägen das Treiben in den Gassen und Straßen entlang der Moldau. Lassen Sie sich von der Magie dieser Stadt verzaubern. Tauchen Sie ein in den Zauber der „Goldenen Stadt Prag". Vergessen Sie aber bitte nicht, diese Stadt macht süchtig, süchtig auf mehr ...

Packliste

Geld & Finanzen

O (evtl.) Auslandswährung
O Bargeld
O Bauchtasche
O Brustbeutel
O Bauchtasche
O EC-Karte
O Kreditkarte
O Notfall-Telefonnummern der Banken
O Portmonee

Hygiene

O Haarbürste / Kamm
O Deo (klein)
O Shampoo
O Kulturtasche
O Sonnencreme

O Taschentücher
O Reise-Zahnbürste und Zahnpasta
O Verhütungsmittel

<u>Kleidung</u>

O Badeklamotten
O Gürtel
O Hosen kurz / lang
O Mütze / Cap / Hut
O Pullover
O Regenjacke
O Schlafanzug
O Socken
O Sonnenbrille
O Sportklamotten / Jogginghose
O T-Shirts
O Unterwäsche

<u>Medikamente</u>

O Blasenpflaster
O Anti-Durchfalltabletten

O Erste-Hilfe-Set

O Fiebertabletten

O Fiebertabletten

O Mückenschutz

O sonstige Medikamente

O Pflaster

O Kopfschmerztabletten

Unterlagen & Papiere

O ADAC Unterlagen

O Adresslisten für Postkarten

O Krankversicherungsnachweis

O Stadtplan

O Führerschein

O Unterlagen für die Unterkunft

O Wasserdichte Hülle für Reiseunterlagen

O Impfausweis

O Mietwagenunterlagen

O Personalausweis

O Reisepass

O Reisetagebuch

O evtl. Studentenausweis
O evtl. Visum
O Zug- / Bahn- / Flugticket

Taschen & Rucksäcke

O Koffer / Trolley / Reisetasche
O Regenhülle für Rucksack
O Rucksack

Schuhe

O Badeschlappen / Hausschuhe
O Schuhe und Wechselschuhe

Sonstiges

O Brille / Kontaktlinsen und Etui
O Buch zum Lesen
O Ohrenstöpsel und Schlafmaske
O Regenschirm
O Reisedecke
O Wasserflasche

O Wörterbuch

Elektronik

O Digitalkamera

O Handy

O Ladekabel

O Kopfhörer

O evtl. Steckdosenadapter

O Power-Bank

Herstellung und Verlag:
BoD – Books on Demand, Norderstedt
ISBN: 9783751983440

1. Auflage
Kontakt: Psiana eCom UG/ Berumer Str. 44/ 26844 Jemgum
Covergestaltung: Fenna Larsson
Coverfoto: depositphotos.com